Meet **Gerry** the Giraffe, who loves to play golf!

Today,
Gerry is playing on **1** big,
green golf course.

HOLE IN 1
Golf Course

He takes out
2 shiny golf balls
from his bag.

Gerry swings his club **3** times to warm up.

1.. 2... 3!

He spots **4** colorful flags in the distance.

Gerry hits the ball over **5** small hills.

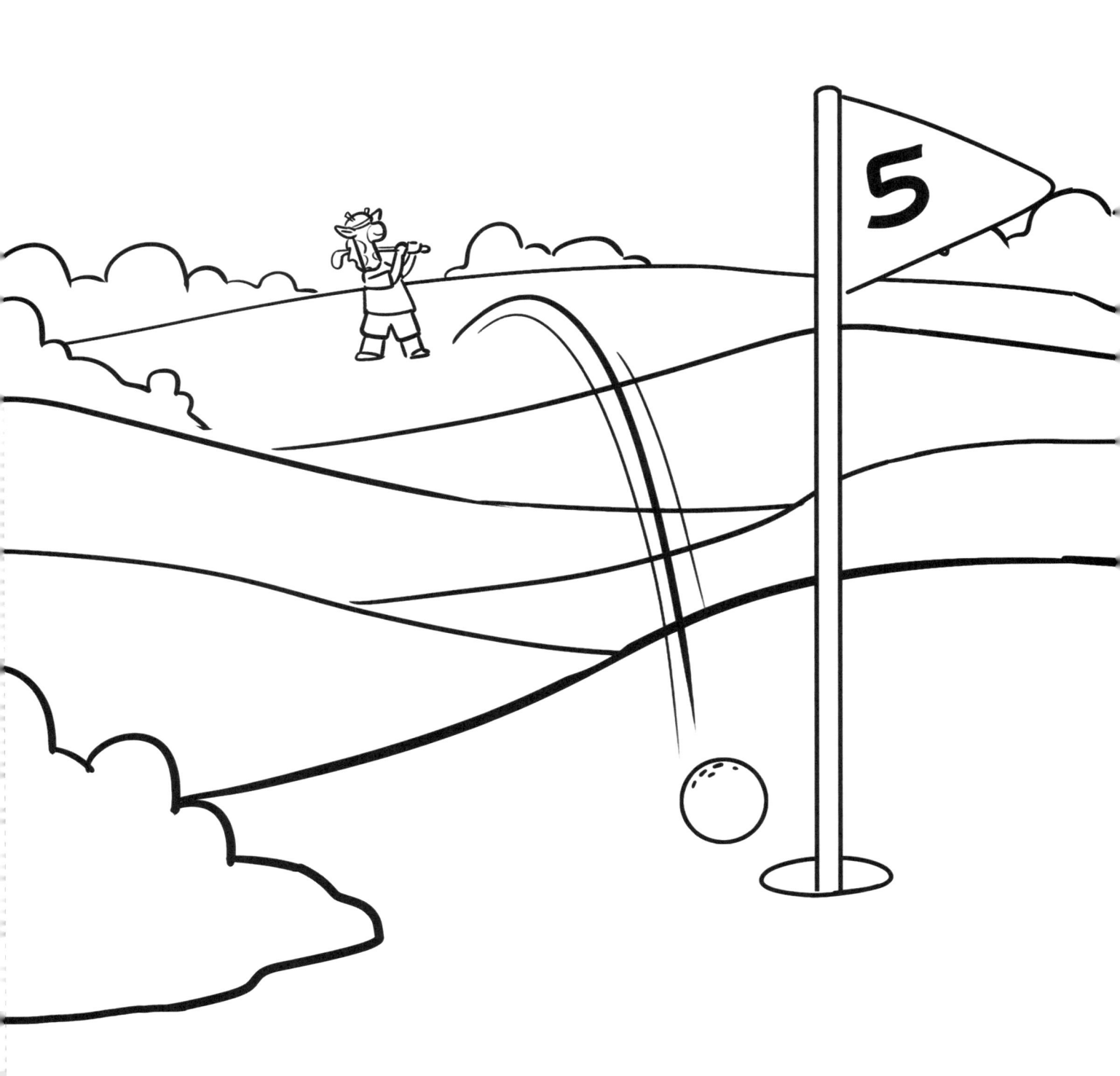

He hops into his golf cart and drives past **6** tall trees.

Gerry counts **7** ducks swimming in the pond.

He sees **8** different sandtraps on a hole.

Gerry takes **9** strokes to reach the hole.

Gerry feels better after eating **10** hotdogs

Gerry one putts the ball into the **11th** hole.

He meets **12** friendly rabbits on the **12th** green.

Gerry shares his extra **13** snacks with them.

13 Pcs

They all cheer as **Gerry** scores on the **14th** hole.

Gerry feels proud after **15** great holes.

He waves to **16** chirping birds.

As the sun sets,
Gerry finishes the **17th** hole.

Gerry counts the stars, as many as **18** holes on a golf course.

Goodnight, **Gerry**.
Tomorrow is another day for golf!